EXPOSITION INTERNATIONALE D'ANVERS

1894

CLASSE XII

RAPPORT

DE

M. LOUIS AUCOC FILS

ANCIEN JUGE AU TRIBUNAL DE COMMERCE DE LA SEINE

RAPPORTEUR DU JURY

PARIS

TYPOGRAPHIE CHAMEROT ET RENOUARD

19, RUE DES SAINTS-PÈRES, 19

1895

RAPPORT

M. LOUIS AUCOC FILS

EXPOSITION INTERNATIONALE D'ANVERS

1894

CLASSE XII

RAPPORT

DE

M. LOUIS AUCOC FILS

ANCIEN JUGE AU TRIBUNAL DE COMMERCE DE LA SEINE

RAPPORTEUR DU JURY

PARIS

TYPOGRAPHIE CHAMEROT ET RENOUARD

19, RUE DES SAINTS-PÈRES, 19

1895

RAPPORT

DE

M. LOUIS AUCOC FILS

RAPPORTEUR DU JURY

La classe XII a eu la bonne fortune de voir réuni dans un seul groupe tout ce qui se rattache à l'industrie des diamants, des pierres précieuses, de la joaillerie, de la bijouterie, de l'orfèvrerie et de la bijouterie imitation.

La Commission supérieure de l'Exposition d'Anvers, en adoptant ce mode de classification, a reconnu avec raison que toutes ces industries se complètent pour ainsi dire l'une par l'autre, et qu'elles ne sauraient par suite être séparées, comme elles l'ont été souvent dans les Expositions antérieures.

Cette appréciation se trouve d'ailleurs absolument justifiée lorsqu'on considère qu'en fait l'orfèvre et le bijoutier travaillent les mêmes métaux, procèdent des mêmes moyens, utilisent tous deux les pierres fines. Nous n'aurons qu'un regret à exprimer dans ce rapport : c'est de constater que ces industries n'étaient pas représentées comme elles auraient dû l'être. Bien que 400 fabricants tant belges qu'étrangers aient répondu à l'appel des Comités, la lutte s'est trouvée en quelque sorte circonscrite entre les joailliers-bijoutiers d'Anvers, et ceux de la Section française, les autres Sections étrangères ne comprenant que quelques rares maisons importantes. Il nous sera donc difficile de faire ressortir les progrès réalisés dans nos industries, et nous ne nous expliquons pas bien quelle peut avoir été la raison de ces abstentions.

La Belgique est un pays hospitalier par excellence et essentiellement commerçant. D'autre part, les palais de l'Exposition étaient admirablement disposés pour attirer les exposants et les visiteurs. On y trouvait, à côté des galeries spacieuses où les produits de toutes sortes étaient exposés, des jardins d'agrément et des bâtiments annexes qui donnaient à cet ensemble un caractère de fête et de gaîté. Nous rendrons donc justice à la Commission belge, en reconnaissant le parti habile qu'elle avait su tirer de ces différentes organisations. Anvers est en outre une ville superbe et pour ainsi dire le plus beau port commercial de l'Europe.

Ses nouveaux quais, qui s'étendent à perte de vue le long de l'Escaut, sont bien agencés; dans ses bassins on voit flotter les pavillons de toutes les grandes puissances maritimes; on y trouve des musées et des monuments très intéressants à visiter. Sa proximité avec Bruxelles, la France, la Hollande et l'Allemagne devait attirer nombre d'étrangers. Au reste, il nous a été permis de constater qu'au moment de l'ouverture de l'Exposition et de la réunion du Jury, la ville entière regorgeait de monde et qu'on y trouvait difficilement un logement.

La municipalité avait à cet effet pris une excellente mesure en faisant connaître aux étrangers les maisons susceptibles de les recevoir. Nous avons été particulièrement touchés de l'affabilité avec laquelle nous avons été accueillis, et nous n'oublierons jamais les cordiales relations que nous avons nouées avec nos collègues du Jury, qui se sont montrés vis-à-vis de nous d'une prévenance toute sympathique.

Dans la Section belge, les exposants avaient de véritables salons décorés avec recherche; dans la Section française, grâce à une disposition très heureuse prise par M. Muzet, commissaire général, ils étaient tous groupés près du salon d'honneur; dans les autres Sections étrangères, des vitrines de formes variées et appropriées à l'espèce des produits qu'elles contenaient, donnaient à l'Exposition un cachet tout spécial d'originalité. Les visiteurs ont certainement remarqué comme nous le progrès énorme réalisé cette année à Anvers dans ces différentes installations.

L'Exposition n'était plus, comme autrefois, une simple réunion de vitrines presque similaires, et par suite d'un aspect monotone. Chaque exposant avait cherché au contraire, par un cadre étudié, à rehausser l'éclat de ses marchandises. Nous croyons dès lors devoir féliciter les organisateurs et les exposants du goût qu'ils ont déployé dans la circonstance.

Le Jury de la classe XII était composé comme suit :

> *Président :* M. JACOBS (Henri), industriel à Anvers (Belgique);
>
> *Vice-Président :* M. MASCURAUD (Alfred), président de la Chambre syndicale de la bijouterie imitation, membre du Conseil des prud'hommes à Paris,

membre du jury aux Expositions universelles de
Bruxelles 1888 et Paris 1889 (France) ;

Rapporteur : M. AUCOC, bijoutier-joaillier, ancien juge
au Tribunal de commerce à Paris, membre du
Jury à l'Exposition universelle de Paris 1889
(France).

Secrétaire : M. ANTHONY (Émile), fabricant joaillier à
Anvers (Belgique).

Jurés effectifs :

MM.

MORRENS (C.), joaillier, à Anvers (Allemagne) ;

FAUDEL Phillips (G.), à Hertford (Angleterre) ;

VAN ISHOVEN (Ch.), ancien industriel, à Contich (Belgique) ;

BOIN, orfèvre, ancien président de la Chambre syndicale de la bijouterie, joaillerie, orfèvrerie à Paris
(France) ;

FALCO, président de section au Tribunal de commerce,
président de la Chambre syndicale des diamants
et pierres précieuses à Paris, membre des Comités à l'Exposition universelle de Paris 1889
(France) ;

GIACOMINI (Giuseppe), commandeur, conseiller à la
Chambre de commerce de Rome (Italie) ;

SMITH (H.), négociant à Arendal (Norvège) ;

DANIELS (Alf.), industriel à Amsterdam (Pays-Bas) ;

CŒTERMANS (P.), vice-consul de Perse à Anvers
(Perse) ;

Jurés suppléants :

MM.

GAUTHIER, lapidaire, vice-président de la Chambre
syndicale des diamants et pierres précieuses à
Paris (France) ;

Ligier, secrétaire de la Chambre syndicale de la
bijouterie imitation à Paris (France);

Orlandi (Mario), secrétaire du commissariat général
italien à Rome (Italie);

Denis (Ch.), secrétaire de la légation de Perse à
Bruxelles (Perse).

Étaient dès lors hors concours, par application de
l'art. 13 du Règlement général, les exposants membres
du Jury dont les noms suivent :

MM.

Anthony (Émile), Belgique;

Aucoc, France;

Coetermans (Pierre), Belgique;

Gauthier (L.) fils, France;

Jacobs (H.) Belgique;

Huet (L.) et Ligier (E.), France;

Mascuraud frères, France;

Morrens (C.), Belgique.

Pour nous conformer aux précédents établis dans les
Expositions internationales antérieures, nous devons
tout d'abord examiner les produits des exposants hors
concours.

M. ÉMILE ANTHONY

M. Émile Anthony est le propriétaire de la maison
de joaillerie et d'orfèvrerie la plus importante d'Anvers.
Il était donc tout désigné pour faire partie du Jury, dont
il était le secrétaire. Son exposition répondait absolument à la haute réputation dont il jouit à juste titre.

Aussi nous n'avons pas été surpris de voir que la Commission de la tombola l'avait chargé de la fourniture du gros lot, consistant en une parure en brillants d'une valeur de 100 000 francs. Le dessin de cette parure, genre Renaissance, avait un cachet de nouveauté tout particulier. L'exécution en était parfaite, les pierres malgré leur grosseur n'alourdissaient pas la monture ; grâce à un serti irréprochable elles ressortaient dans tout leur éclat. Certes, l'heureux possesseur du billet gagnant recevra un joyau qui, à côté de sa valeur intrinsèque, possède un mérite artistique incontestable. Nous avons retrouvé le même style et la même perfection de fabrication dans toute une série de pièces en joaillerie et notamment dans une parure émeraude de très belle qualité dont le collier se démonte en plusieurs morceaux, dans un pendant de cou saphir et brillants d'un très joli effet, et dans un collier fantaisie orné de diamants de première eau. Comme bijouterie, le genre se rapprochait beaucoup de notre goût parisien.

A noter, une série de bracelets souples et de broches ornées de roses et de pierres de couleurs. Au milieu de son salon, artistiquement aménagé, M. Anthony avait disposé sur une table un service complet d'orfèvrerie. Les différentes pièces qui le composaient, surtout de table, candélabres, assiettes, plats et couverts ont été très remarqués. L'ornementation nous en a paru toutefois un peu chargée, mais nous n'avons aucune critique à formuler sur l'exécution, qui était satisfaisante.

De même, notre attention a été justement attirée sur quelques objets d'art, et particulièrement sur un buste en ivoire sculpté par van Beurden, posé sur un socle en améthyste.

Le public a rendu justice aux efforts de M. Anthony : son salon a été l'un des plus visités de l'Exposition.

MM. CŒTERMANS (PIERRE) ET JACOBS (HENRI)

MM. Cœtermans (Pierre) et Jacobs (Henri) ont exposé dans la Collectivité des diamantaires une série de brillants et de pierres précieuses taillés. Le rapporteur aurait bien voulu faire ressortir le mérite de chacun de ces exposants, dont l'un, M. Jacobs, était président du Jury; mais il avait été formellement notifié que la Collectivité des diamantaires devait être considérée comme une exposition anonyme et qu'il ne serait fait mention dans le rapport d'aucune des expositions particulières comprises dans cette collectivité. Nous devons donc suivre la ligne de conduite qui nous a été tracée, en nous réservant d'apprécier ultérieurement l'exposition des diamantaires prise dans son ensemble,

M. GAUTHIER (L.) FILS

M. Gauthier est un de nos lapidaires parisiens les plus appréciés. Vice-président de la Chambre syndicale des diamants et pierres précieuses, il collabore depuis longtemps aux travaux de l'Union nationale des Chambres syndicales, dont il est actuellement le secrétaire. Son exposition comportait, en même temps qu'une variété complète de diamants et de pierres fines, véritable collection d'amateur, toutes taillées d'une manière parfaite, une série de pierres doublées et de pierres imitées.

Sa présence aux travaux du Jury l'avait mis hors concours : c'est à regret que nous n'avons pu lui décerner la haute récompense à laquelle il avait droit.

MM. HUET ET LIGIER

MM. Huet et Ligier occupent le premier rang en France pour la fabrication de la bijouterie en acier. Ils emploient dans leurs ateliers plus de 200 ouvriers. Nous avons trouvé dans leur vitrine toutes espèces d'applications de ce genre spécial.

A côté de jolis modèles de broches, de bracelets et d'épingles, nous avons vu des boucles, des boutons de robe et des ornements qui s'harmonisent avec le costume de la femme. Comme fabrication, on ne peut rien trouver de plus fini, les dessins sont empreints du goût parisien par excellence. On s'explique ainsi le renom de cette maison, qui a obtenu de nombreuses récompenses à toutes les Expositions antérieures. Elle n'a d'ailleurs que fort peu de concurrents en France, et elle dépasse de beaucoup celles qui, à l'étranger, ne cherchent qu'à l'imiter ou tout au moins à s'inspirer de ses modèles.

MM. MASCURAUD FRÈRES

M. Alfred Mascuraud dirige avec son frère, à Paris, une des maisons les plus importantes de bijouterie imitation. Il est président du syndicat de sa corporation et vice-président du Syndicat général des Chambres syndicales.

Tout ce qui se fait de nouveau en ornements pour modes sort des ateliers de MM. Mascuraud frères. Nous avons notamment remarqué dans leur vitrine à Anvers toute une collection d'objets en strass d'un fini et d'une légèreté irréprochables. Nous avons été surpris du bon marché de cette fabrication : le serti des pierres était d'une netteté surprenante pour nous autres joailliers. Certes, si cette maison ne s'était pas trouvée hors concours, elle aurait obtenu la plus haute récompense. Elle n'avait d'ailleurs pas de rivales, ni dans la Section française, ni dans les Sections étrangères. L'industrie qu'elle exerce est essentiellement parisienne et fait honneur aux hommes de goût qui la dirigent.

M. MORRENS

M. Morrens est bien connu à Anvers ; il a été l'un des premiers à ouvrir dans cette ville un atelier de bijoutier-joaillier. Aujourd'hui, il est vice-président de la Chambre syndicale de la bijouterie et commissaire général du Diamant-Club. M. Morrens représentait l'Allemagne dans le Jury et se trouvait par suite hors concours. Nous avons trouvé dans sa vitrine de jolis travaux en bijouterie-joaillerie, notamment toute une collection de bijoux sertis en brillants de taille fantaisie. M. Morrens est un véritable artiste ; ses dessins sont empreints d'une originalité toute spéciale. Il est à la fois joaillier, orfèvre et émailleur. C'est donc un plaisir pour le Jury de reconnaître les mérites du travailleur infatigable et du collègue aimable qui l'a assisté dans ses travaux.

M. L. AUCOC FILS

Rapporteur du Jury, M. Aucoc avait pensé ne pas avoir à parler de ses propres produits. Tous ses collègues du Jury, dont il n'est que l'écho fidèle, n'ont pas voulu qu'il en fût ainsi. Il est donc obligé d'indiquer que la variété des modèles qu'il a exposés et le fini de leur exécution ont été vivement appréciés. Remarqué tout spécialement dans la vitrine une série de broches fantaisie et d'objets de joaillerie exécutés en platine. Des fourches pour la coiffure d'un genre tout nouveau ont été également fort appréciées. Une collection de bracelets souples de dessins variés agrémentés de brillants et de pierres de couleur, a prouvé une fois de plus qu'on fabrique encore aujourd'hui de jolis bijoux et que la mode n'en est pas passée. M. Aucoc cherche toujours à produire du nouveau; cette fois encore, il a été bien inspiré dans ses dernières créations.

BELGIQUE

La Section belge de la classe XII comprenait 40 exposants; la plupart établis à Anvers. Nous avions espéré y trouver les principales maisons de joaillerie et d'orfèvrerie de Bruxelles; sans avoir à rechercher quelle peut avoir été la cause de leur abstention, nous nous bornerons à regretter leur absence; car, bien que l'Exposition telle qu'elle était, offrît un attrait sérieux, il eût été désirable de la voir plus complète; alors surtout qu'elle était universelle et internationale.

L'industrie diamantaire était largement représentée. Toutes les meilleures tailleries s'étaient réunies pour former la Collectivité. Je rappellerai seulement pour mémoire les honorables négociants qui la composaient :

MM. Adler (A); Antoine Gust (H.); Bloch aîné; Cœtermans (L.); Cœtermans et Daverveldt, Heydt Jos et Cⁱᵉ; Jacobs (H.); Kennis (L.); Mani-Daniels; van Antwerpen et van den Bosch; Vauters frères; Frank Jongelings (G.) (d'Anvers).

La Collectivité avait exposé ses produits dans un même pavillon auquel était annexé un atelier de taille où le public pouvait suivre toutes les phases de cette industrie. Nous avons admiré cette taille ronde des brillants qui est universellement connue aujourd'hui sous le nom de taille d'Anvers et qui, grâce au poli des facettes et du feuilletis, donne à la pierre son maximum d'éclat. Pour obtenir le même jeu si nécessaire aux brillants s'appairant pour constituer des boutons d'oreilles, les fabricants tailleurs clivent les cristaux par la moitié ; nous avons assisté à une de ces opérations et nous avons été surpris du résultat obtenu. C'est grâce à ces progrès réalisés dans cette industrie que le marché d'Anvers a acquis aujourd'hui une notoriété indiscutable et qu'il fait une concurrence directe à la place d'Amsterdam.

On compte à Anvers près de 40 fabriques, dans lesquelles fonctionnent 5000 meules, occupant plus de 5000 ouvriers. Ces ouvriers sont pour les 7/8e Belges d'origine. Quelques étrangers, notamment des Hollandais, travaillent spécialement à la taille du petit brillant. Il s'y fait également un grand commerce de roses. Malheureusement une crise terrible sévit en ce moment, la matière brute se trouvant entre les mains d'un syndical étranger qui en a fait monter le prix à un taux tel que l'écart entre la valeur du brut et celle de la matière taillée est trop faible pour rendre le métier de tailleur suffisamment rémunérateur. Nous aurions voulu signaler les efforts de chacun des honorables membres de cette collectivité ; mais le Jury, ainsi que nous l'avons dit plus haut, s'est trouvé lié par les règlements. Nous ne pouvons donc qu'adresser d'une façon générale nos sincères félicitations à tous ces négociants.

Nous croyons cependant devoir mentionner parmi les diamants exposés l'*Étoile de Belgique*, brillant taillé à doubles facettes, du poids de 200 carats. Cette pierre pesait brut 417 carats. La taille en est parfaite, et elle est absolument pure.

Remarqué également un brillant affectant la forme d'un anneau rond de la dimension d'une pièce de 50 centimes, vrai tour de force de taille et de poli ainsi qu'un éléphant en cristal de roche orné de pierres fines.

L'ensemble de cette exposition représentait une valeur de plus de quatre millions de francs. Le Jury, à l'unanimité, a décerné à la Collectivité des diamantaires un diplôme de grand-prix.

L'attention du Jury a été aussi appelée sur la plus petite pierre taillée à ce jour, soit un brillant pesant 1/128e de carat. On pouvait voir à la loupe toutes les facettes de cette pierre minuscule : elles étaient aussi nettes et aussi éclatantes que s'il s'était agi d'un brillant de grosseur moyenne. M. Horemans, qui l'a taillé lui-même, est un ouvrier de premier ordre : le Jury a voulu lui donner un témoignage de satisfaction en rapport avec son mérite en lui accordant un diplôme de médaille d'or.

Bien que la **Compagnie « la de Beers »** soit une société anglaise, elle a néanmoins tenu à exposer dans la Section belge, à côté des diamantaires. La Commission exécutive a sagement agi en lui permettant de s'installer dans cette Section.

En effet, il y avait un intérêt tout particulier à faire connaître, au point de vue technique, les différentes opérations que l'on fait subir aux sables et aux roches diamantifères pour en extraire le diamant brut. L'installation très complète de la de Beers permettait de suivre ce travail.

Cette société est, dans son genre, la plus importante du monde. Fondée en 1871, au capital de 100 millions de francs, divisés en 80 000 actions de 125 francs chaque, elle a prospéré rapidement : aujourd'hui, ses actions varient entre 480 et 515 francs. La Société a émis en outre pour 100 millions d'obligations, doublant ainsi son capital initial, ce qui lui a permis d'acquérir et de louer une quantité considérable de terrains diamantifères. Elle occupe pour son exploitation plus de 8 000 ouvriers, et possède 80 moteurs représentant une force de 8 000 chevaux. Elle produit annuellement pour 100 millions de diamant brut, qui sont exportés principalement sur les marchés de Londres et d'Anvers. Plusieurs des mines qu'elle possède ont une notoriété bien justifiée : on en extrait des cristaux d'une pureté d'eau et de couleur qui leur permet de lutter avec ceux trouvés dans les mines du Brésil. Son organisation est parfaite. Les dividendes importants qu'elle distribue chaque année à ses actionnaires en sont la meilleure preuve. Celui du dernier exercice était de 31 fr. 25, représentant 25 p. 100 du capital initial. Le Jury a décerné à la Compagnie la de Beers un diplôme de grand-prix, qui vient s'ajouter aux nombreuses récompenses déjà obtenues dans les Expositions antérieures.

Ainsi que j'en ai déjà exprimé le regret, nous n'avons eu à visiter, dans la Section belge, que quelques vitrines de joailliers-bijoutiers. Il existe cependant à Anvers près de 25 fabriques, occupant plus de 300 ouvriers. Nous n'avons pu connaître exactement leur genre de production. Ce que nous savons, toutefois, c'est qu'elles arrivent à satisfaire non seulement à la consommation locale, mais encore qu'elles exportent une certaine quantité de marchandises en Allemagne, en Hollande et en Suisse.

La **Maison Rondeau**, à qui le Jury a décerné un diplôme d'honneur, avait une belle exposition de joaillerie. Nous avons remarqué tout particulièrement une parure en brillants composée d'un bracelet, d'un collier formé de nœuds, d'une broche du même modèle, d'une bague marquise et d'une paire de dormeuses, le tout d'une valeur de 20 000 francs, acquis par la Commission de la loterie.

Un diadème représentant les zigzags de la foudre, d'une légèreté et d'une hardiesse d'exécution qui étonnent, a été très apprécié, ainsi qu'un collier, une traîne et un peigne en joaillerie style Renaissance. Comme bijouterie, quelques bracelets et quelques broches de fantaisie complétaient cet ensemble.

M. Rondeau est un homme de goût, il est facile de s'en convaincre par la variété de ses modèles et leur parfaite fabrication. Les pierres qu'il emploie sont toutes de première qualité.

En orfèvrerie, une paire de flambeaux à 5 branches, avec têtes de coq, de style Louis XVI, bien ciselés et d'un dessin nouveau, a attiré notre attention. Son sabre d'honneur à poignée d'ivoire, fabriqué pour le baron Dhanis, est une œuvre bien étudiée. C'est à la suite d'un concours que M. Rondeau a obtenu cette commande : nous ne sommes pas surpris que son projet ait été classé premier.

En résumé, l'Exposition de M. Rondeau justifie pleinement la récompense qui lui a été accordée et la réputation dont il jouit sur la place d'Anvers.

M. Van Hemelryck Jacobs avait à côté de sa vitrine un atelier complet, dans lequel des ouvriers travaillaient sous les yeux du public. C'est la première fois qu'il prend part à une exposition et le Jury n'a pas hésité à lui donner un diplôme d'honneur. Cette haute récompense présage un avenir sérieux à ce travailleur de talent, qui, en quelques années, a donné à sa maison une réelle importance. Il est le fournisseur attitré de la cour de Perse, de S. A. S. la duchesse d'Arenberg et de LL. AA. le prince et la princesse de Croy. Sa joaillerie est très soignée; les modèles ne manquent pas de goût, et les pierres qu'il monte sont bien appropriées à l'œuvre. Parmi les pièces sur lesquelles il a appelé l'attention du Jury, il faut noter une libellule d'une monture très légère faisant ressortir une jolie variété de gemmes, un nœud en brillants, un joli collier ornements, une couronne ducale et une couronne princière. Le Comité de la loterie lui avait confié la fourniture d'une broche-croissant et d'une paire de boucles d'oreilles en brillants d'une valeur de 5 000 francs.

Nous ne serons pas surpris d'apprendre un jour que cette maison s'est placée au premier rang de celles similaires établies à Anvers. Elle a en tout cas à nos yeux un mérite tout particulier : M. Hemelryck Jacobs est un vrai fabricant; il crée ses modèle, occupe actuellement 10 ouvriers, et tout ce qui porte sa marque sort de ses ateliers.

M. Pauwels, de Bruxelles, est un des plus grands marchands de métaux précieux. Il est le premier en Belgique qui se soit appliqué à produire tous les apprêts

nécessaires à la joaillerie, à la bijouterie et à l'orfèvrerie. Nous avons trouvé dans sa vitrine, à côté de plaquettes, de fils ronds et carrés en or, argent et platine,
tout un choix de corps de bagues, de chatons et de
galeries des derniers modèles. Il possède en outre une
usine pour le traitement et la fonte des résidus de fabrication contenant des métaux précieux. Il occupe une
vingtaine d'ouvriers et a un outillage complet auquel il
a joint un laboratoire pour la fabrication des nitrates
et des chlorures. Son chiffre d'affaires annuel atteint la
somme de 3 millions de francs. Le Jury a voulu consacrer les mérites de M. Pauwels en lui accordant un
diplôme d'honneur.

M. Arens, d'Anvers, est un ciseleur de talent : on
reconnaît dans toutes ses œuvres la main d'un artiste
consommé. Il a d'ailleurs obtenu les plus hautes récompenses aux diverses Expositions internationales auxquelles il a pris part. Le Jury, en lui décernant un
diplôme de médaille d'or, a reconnu le mérite de cet
homme de goût doublé d'un praticien hors de pair.

M. Édouard Bourdon, de Gand, suivant la tradi-
tion de son père, M. Bourdon de Bruyne, avait une
vitrine des plus intéressantes. L'orfèvrerie religieuse,
qui est la spécialité de cette maison, y est traitée d'une
façon magistrale. Tous les objets servant au culte, ci-
boires, calices, ostensoirs, etc., sont exécutés avec
une recherche de genre et un fini de fabrication qui
nous ont frappés. On sent dans ces reproductions des tré-
sors des églises datant du moyen âge une connaissance
parfaite des styles roman et gothique. La crosse d'évê-

que offerte par la ville de Saint-Nicolas à S. G. Mgr l'Évêque de Gand est une œuvre parfaite. C'est du reste après un concours établi entre les différents orfèvres de Belgique que M. Bourdon a été chargé de l'exécution de cette pièce unique. Il occupe dans ses ateliers plus de 40 ouvriers ; sa production annuelle dépasse 200 000 francs. Il exporte plus de la moitié de sa fabrication en Angleterre, en Allemagne et en Hollande. Nous connaissions les nombreux succès remportés par cette maison aux Expositions précédentes : le Jury n'a pas hésité à accorder à M. Édouard Bourdon un diplôme de médaille d'or.

M. Junes, fabricant à Anvers, avait également, dans le genre d'orfèvrerie religieuse, une exposition originale. Sa partie d'autel de style gothique en cuivre repoussé, ainsi que ses chandeliers et ses autres objets de culte, sont bien traités et lui ont valu un diplôme de médaille d'argent.

M. Michiels nous a présenté une série d'articles de toutes sortes en cuivre repoussé. Nous les avons trouvés suffisamment bien exécutés, étant donné le bon marché auquel ils peuvent être livrés, pour décerner à cet exposant un diplôme de médaille d'argent.

Le Jury a voulu tenir compte des efforts de MM. Bosmann et Brant-Graindorge, en leur attribuant pour leurs produits exposés un diplôme de médaille d'argent et ceux de MM. Dikker et Van Dyck, d'Anvers, en leur donnant un diplôme de médaille de bronze pour leurs ateliers de diamantaires en miniature.

FRANCE

La France était représentée à Anvers par 60 exposants, joailliers, bijoutiers, orfèvres; il nous est agréable d'enregistrer le succès qu'ils ont remporté : 4 diplômes de grand-prix, 5 diplômes d'honneur, 11 de médaille d'or, 9 d'argent, 9 de bronze, 6 de mention honorable, soit 44 récompenses, leur ont été accordés. Nos collègues du Jury n'ont pas hésité à donner ces témoignages de satisfaction à nos compatriotes. Les principales fabriques de Paris avaient, d'ailleurs, tenu à prouver une fois de plus la vitalité de nos industries. En parcourant la section française, le visiteur se trouvait tout naturellement entraîné vers les salons richement décorés qui contenaient à la fois des joyaux d'une grande valeur et les dernières productions de nos fabriques de fantaisie.

Nous avons eu le plaisir de constater plusieurs fois la présence de LL. MM. le Roi et la Reine des Belges, qui ont tenu à affirmer à nos exposants l'intérêt qu'elles éprouvaient à visiter leurs produits. Nous les prions, au nom de tous, d'accepter pour leur extrême bienveillance nos bien respectueux remerciements.

M. le Commissaire général français avait conçu un

plan général d'installation qui nous a singulièrement facilité notre tâche. Presque tous les exposants avaient installé leurs vitrines au milieu d'un salon. Nous sommes étonnés que le résultat des affaires conclues n'ait pas répondu à notre attente. Nous espérons que par la suite nous recueillerons ce que nous avons semé et que des ordres viendront dédommager nos compatriotes des sacrifices qu'ils n'avaient pas hésité à faire pour représenter dignement notre pays.

En suivant l'ordre des récompenses, nous devons nous arrêter tout d'abord devant la superbe vitrine de **M. Boucheron**.

La réputation de cet exposant est aujourd'hui universelle ; il tient une des premières places parmi les joailliers de notre époque. Fils de ses œuvres, M. Boucheron a fondé sa maison en 1858 ; au bout de quelques années, il avait une vogue que justifiaient la richesse de ses modèles et le choix des pierres qu'il employait. En 1867, la première fois qu'il exposait à Paris, il obtenait une médaille d'or ; en 1873, un diplôme d'honneur lui était accordé à Vienne ; en 1876, le gouvernement français lui décernait la croix de la Légion d'honneur pour sa participation à l'Exposition de Philadelphie, où il remportait la plus haute récompense. A l'Exposition de Paris en 1878, il obtint un grand-prix ; à Amsterdam, en 1883, un diplôme d'honneur, enfin à Paris, en 1889, un grand-prix et la croix d'officier de la Légion d'honneur. Il occupe près de 50 ouvriers. Sa production annuelle est de 4 millions de francs. Il a pour principal collaborateur son neveu, M. Radius, bien connu du public, qui est son associé depuis 1873.

Cette fois encore, M. Boucheron remporte à Anvers

un diplôme de grand-prix. Sa vitrine comportait une série de pièces qui mériteraient toutes d'être signalées, si nous ne devions restreindre notre travail. Nous nous contenterons de rappeler une magnifique parure en brillants et perles blanches, composée d'un diadème, d'un devant de corsage et d'un collier. Cet ensemble de perles rondes était merveilleux ; le dessin, malgré la grosseur des perles, était gracieux et d'un style entièrement nouveau. De même, le diadème genre Louis XVI, avec ses 9 poires brillants, constituait une collection très remarquable. Un autre diadème, composé d'une libellule sur un roseau, a été vivement apprécié : on ne peut rien voir de plus élégant.

Très réussie la traîne de corsage représentant une branche de vigne avec ses grappes de raisin, le tout en brillants de première eau. Parmi les broches, notre attention s'est arrêtée sur une mouche avec ailes en diamants gravés, sur un bouquet de violettes en émail transparent et sur une collection de miniatures genre Louis XVI qui ont obtenu près des acheteurs un véritable succès.

Je citerai également un rang de perles de toute beauté, plusieurs colliers en brillants très souples, enfin une série de pièces ciselées et d'objets de fantaisie d'une exécution parfaite.

Comme orfèvrerie, M. Boucheron avait exposé notamment une fontaine à thé style Louis XVI et une théière d'un service Directoire, dont les modèles ont été sculptées par Lelièvre.

La Maison **Christofle et Cie** est une des plus importantes fabriques d'orfèvrerie d'Europe. Créée en 1842 par M. Ch. Christofle, elle occupe actuellement, tant à

Paris qu'à Saint-Denis et à Carlsruhe, près de
1 600 ouvriers, dont 200 femmes. Son usine de Saint-
Denis prépare tous les métaux nécessaires à la
fabrication et produit en outre 120 000 douzaines de
couverts que la maison fournit annuellement à sa
clientèle. Les pièces d'orfèvrerie sont terminées dans
les ateliers de Paris. Sa production est de onze millions
de francs. La manufacture est dirigée par M. Paul
Christofle et Henri Bouilhet, gérants de la Société, par
MM. Fernand de Ribes et André Bouilhet, co-gérants.

Dès sa fondation, cette Société a pris en faveur de
ses ouvriers des dispositions qu'il importe de signaler.
Un service de santé fonctionne régulièrement, et des
dotations pour les anciens serviteurs ont été instituées
par M. Ch. Christofle depuis 1845. Grâce à cette institution, ceux-ci obtiennent des livrets de caisse d'épargne
qui leur facilitent leur admission dans les maisons de
retraite et même l'achat de terrain et la construction
d'une maison. Aux termes des statuts de cette fondation, tout ouvrier ayant cinq années consécutives de
travail dans l'établissement est inscrit pour une grati-
fication de 150 francs. Ces gratifications augmentent
progressivement. La Société Christofle et Cie a déjà
distribué de ce chef une somme de 650 000 francs.
Depuis le 1er janvier 1873, il a été annexé à l'usine de
Paris un pensionnat dans lequel vingt-quatre apprentis
reçoivent une instruction générale et professionnelle.

MM. Christofle et Cie occupaient à Anvers un grand
salon décoré avec goût, tout à côté du salon d'honneur
dans lequel était disposée une série de belles pièces
d'orfèvrerie d'argent et de métal argenté.

Parmi celles-ci, nous devons signaler tout particu-

lièrement une table avec étagère supportant un service
à thé complet en argent de style Régence. La décoration
est formée par des canaux tournants ornés de fleurs en
chute alternées de culots.

Une table de toilette Louis XVI en acajou avec cein-
ture de bronzes ciselés sur les modèles de Chéret. La
glace est encadrée de moulures à feuilles et oves et
accotée par deux figures (*L'Art et la Nature*), les acces-
soires de la toilette sont en argent ciselé.

Un surtout de table Régence à figures représentant
les quatre parties du monde. Cette pièce grandiose a
eu pour principaux collaborateurs Lafrance, qui a
modelé les figures de femmes ; Mathurin Moreau, qui
a exécuté les enfants supportant les écussons, et Mallet,
qui a modelé les ornements. Très remarqués également
deux surtouts de table Louis XV ; le plus riche, dont les
modèles ont été sculptés par Mallet, se divise en trois
parties, la corbeille et les candélabres sont du même
style et rendent un très joli effet.

Une grande torchère en émail cloisonné de très
belle allure : des pampres de vignes et des courges
enlacés se détachent sur un fond bleu. C'est un des
plus grands émaux cloisonnés faits en France. Il a été
exécuté par Tard.

Nous devons recommander également aux amateurs
une série de services à thé en argent, affectant les
formes de fruits et de légumes qui servent à les dési-
gner. Travail et compositions très intéressants et qui
changent un peu avec ces formes si rebattues emprun-
tées aux xviie et xviiie siècles. Le jury, se trouvant en
présence d'objets si remarquables, n'a pas hésité à ac-
corder à la Société Christofle et Cie un diplôme de grand-

prix qui vient s'ajouter aux nombreuses récompenses obtenus dans les Expositions antérieures.

M. Lefebvre fils ainé est une des personnalités les plus sympathiques du Commerce parisien. Bien qu'à la tête d'une grande maison de joaillerie, bijouterie et orfèvrerie qu'il dirige depuis 1873, M. Lefebvre a pu consacrer une partie de son temps précieux à la direction d'une institution de bienfaisance dite l'Orphelinat de la Bijouterie.

Cette institution recueille les orphelins, filles et garçons de nos industries, veille à leur éducation, à leur apprentissage et s'occupe de leur placement dans de bonnes maisons. Le gouvernement de la République a reconnu les immenses services que M. Lefebvre a rendus à la corporation en lui décernant en 1893 la croix de la Légion d'honneur.

M. Lefebvre comme fabricant a obtenu à l'Exposition de Paris 1889 une médaille d'or. Cette fois à Anvers il obtient un diplôme de grand-prix.

Sa vitrine contenait une série de joyaux et bijoux, véritables pièces d'art dignes de figurer dans les musées.

Remarqué spécialement une grande glace Psyché en or et argent ciselée par Brateau, au centre de laquelle se trouve un émail sur or fin de Grandhomme et Garnier représentant *la Vérité prenant conseil de la Sagesse*.

Une garniture de bureau en émail et en or ciselé comprenant un coupe-papier, une liseuse, un porte-plume, un cachet.

Une garniture de six boutons de robe entièrement exécutés en roses, sur fond émail bleu de roi. Ces six boutons sont d'un style Louis XVI très pur et tous différents les uns des autres. On dirait à les voir des bijoux anciens.

Très apprécié, un bracelet émail japonais, fond vert d'eau d'un très joli effet, et un autre bracelet tout or, style Louis XVI, sujet : *La Musique*, ciselé par Brateau, véritable chef-d'œuvre de finesse.

Le Jury a également pris note d'une série de broches ciselées des époques de Louis XV et Louis XVI, d'une jardinière Renaissance en argent avec panneaux ciselés et ajourés dont les extrémités sont ornées de chimères aux ailes déployées, ainsi que d'une collection de pièces de fantaisie, glaces à main, flacons à odeur, etc., etc.

M. Lefebvre a été bien inspiré dans ses modèles et nous sommes personnellement très satisfait du succès qu'il a remporté.

M. Ruteau est le digne successeur de MM. Topart Frères, les fondateurs de la maison où depuis 1849 il a été fabriqué tout ce qui se fait de mieux en imitation de perles. Actuellement, M. Ruteau occupe dans ses usines de Paris et d'Orry-la-Ville 350 ouvriers et 800 ouvrières. Sa production est d'un million de francs.

C'est, dans ce genre d'industrie, la maison la plus importante du monde. Nous avons retrouvé dans sa vitrine toutes les variétés de perles imitées, depuis les plus ordinaires jusqu'aux plus belles.

Il fallait avoir l'œil bien exercé pour les distinguer même de près des perles fines.

Le Jury a accordé à M. Ruteau un diplôme de Grand Prix, soit la même récompense que celle obtenue par lui à l'Exposition universelle de Paris en 1889.

M. Després, après avoir débuté en 1865 comme simple apprenti chez M. Rouvenat, se trouve aujourd'hui à la tête de cette grande maison. Sa spécialité est la belle joaillerie montée délicatement et enrichie de pierres de premier choix.

Le Jury a vivement apprécié un diadème composé de trois nœuds en brillants qui se démontent, une couronne nobiliaire surmontée d'une fleur de lys, une broche de corsage représentant une branche d'églantines, imitation sincère de la nature, et un collier fleur de lotus en brillants d'une légèreté remarquable. Comme pierres on ne pouvait rien voir de plus beau que sa parure émeraudes et sa collection de boutons d'oreilles et de bagues en perles noires. Une série de bracelets et quelques pièces de fantaisie complétaient cet assortiment.

M. Després a obtenu à l'Exposition de Paris en 1889 une médaille d'or. Cette fois, le Jury d'Anvers lui a décerné un diplôme d'honneur, et c'est justice.

M. Labouriau est un de nos principaux joailliers fabricants de Paris. Depuis l'Exposition universelle de 1878, M. Labouriau n'avait pris part à aucun concours. Nous l'avons retrouvé cette année à Anvers avec une vitrine des mieux garnies.

Tous ses modèles sont nouveaux, bien exécutés et d'un bon marché qui a étonné les membres du Jury.

Ses deux colliers ainsi que sa traîne de corsage Renaissance sont d'une jolie conception. Remarqué également ses demi-parures en saphirs et en rubis, ainsi que sa collection de bagues, de boutons d'oreilles et de bracelets fantaisie. Parmi ces derniers, celui au centre duquel se trouvait un gros rubis d'Orient a excité la curiosité de beaucoup de visiteurs.

M. Labouriau occupe un nombreux personnel. Son chiffre d'affaires dépasse 900 000 francs par an, il a des voyageurs qui parcourent les principales places de France et d'Europe. Il a dès 1875 étendu son champ d'action jusque dans la Haute Birmanie; ce qui lui a permis d'importer directement en France les pierres gemmes qu'on trouve dans cette partie des Indes.

Le Jury n'a pas hésité à reconnaître ses efforts en lui décernant un diplôme d'honneur.

M. Boulenger est un de nos industriels parisiens bien connu pour sa bonne fabrication de couverts et orfèvrerie argentés par les procédés chimiques. Il produit aussi de l'orfèvrerie en argent massif; son exposition à Anvers nous a fourni l'occasion d'examiner un bel échantillon de ses différents travaux. Des services de table, à thé et à café de différents modèles, ainsi que des surtouts de table et quelques pièces de concours bien traitées remplissaient sa vitrine. L'attention du Jury a été attirée spécialement sur un procédé de découpage du métal qui supprime tout déchet. J'estime que l'outillage qui donne ce résultat est appelé à rendre de grands services. M. Boulenger est à la tête de cette maison depuis 1864. Son personnel comprend dans son usine de Créteil 100 hommes et 60 femmes. Sa production annuelle dépasse un million de francs. Il convient d'ajouter que M. Boulenger a organisé en faveur de ses ouvriers toute une série de dispositions hygiéniques, il a même fondé une Société de secours mutuels avec pension de retraite.

A toutes les Expositions auxquelles il a pris part il a obtenu des récompenses. A la suite de l'Exposition de Melbourne de 1881, il a reçu la croix de chevalier de la Légion d'honneur. Cette fois le jury d'Anvers lui a accordé un diplôme d'honneur.

MM. Alexandre Piel et fils représentaient, à Anvers, la belle bijouterie imitation ; leur vitrine contenait toute une variété de modèles dans tous les genres : colliers, bracelets, broches, boucles, chaînes, épingles, châtelaines, bien exécutés et d'un bon marché qui défiait toute concurrence. C'est pour ainsi dire la première fois que cette maison se trouvait concourir. M. Alexandre Piel ayant toujours fait partie du jury dans les expositions antérieures. A l'unanimité, le jury a décerné à MM. Piel et fils un diplôme d'honneur.

M. Constant Valès avait exposé une collection de perles fausses de tous genres. Ses imitations de perles noires ont été particulièrement admirées ; il est difficile de mieux copier la nature. D'ailleurs la réputation de la maison Valès est universelle, et nous n'avons pas été surpris, nous qui la connaissons de vieille date, de voir les progrès qu'elle a réalisés dans ce genre spécial. En lui décernant un diplôme d'honneur, le Jury d'Anvers n'a fait que reconnaître les efforts persistants de cet honorable fabricant.

Des diplômes de médaille d'or ont été accordés à **M. Beaudouin** pour ses fantaisies en joaillerie et en bijouterie ;

à **M. Fornet** pour sa bijouterie toute spéciale dont il a pour ainsi dire le secret : qui ne connaît les jolis effets qu'il obtient au moyen de ses émaux, reproductions des anciens émaux bressans ;

à **M. Besson**, pour sa joaillerie en imitation :

à **M. Blum**, pour sa fabrication de bijoux imitation ;

à **M. David frères**, pour leur belle collection de pierres fines et fausses taillées ;

à **Mme Vve Guerchet et Fils** pour leur exposition d'orfèvrerie. Nous avons suivi avec intérêt les efforts tentés par cette maison pour se mettre au niveau des grandes fabriques parisiennes. Ses deux surtouts Louis XV et Louis XVI, ainsi que ses candélabres à plusieurs lumières, témoignent d'une recherche qu'il y a lieu d'encourager. Très appréciés également des petits services à thé en vermeil style Louis XVI et Empire, ainsi qu'une fontaine dont le robinet était habilement dissimulé par l'aile d'une chimère :

à **M. Mangon**, pour sa joaillerie imitation :

à **MM. Marmorat frères**, pour leur bijouterie en imitation :

à **M. Paisseau-Feil**, pour ses imitations parfaites de pierres fines et de perles :

à **MM. Plumet et Persianinoff**, pour leurs belles fantaisies en joaillerie imitation.

Des diplômes de médaille d'argent ont été attribués à MM. Couturier, Fontaine, Joz-Roland, Plessy, Heusch et Cie, Taisne et Flixois, Union coopérative des Ouvriers bijoutiers, pour leur bonne fabrication de bijouterie imitation ainsi qu'à M. Alexandre Vaguer, pour sa jolie collection d'orfèvrerie consistant spécialement en services à thé et à café et en carafes à vin de tous styles, et à M. Léon Vaguer, pour sa joaillerie. Sa vitrine contenait un diadème-ruban Louis XV surmonté d'une orchidée, une traine de feuillages représentant une branche de marguerites serties de roses, et une série de broches et de bracelets d'une fabrication soignée et d'un prix très modéré.

Je citerai aussi comme mémoire les maisons Charansonney, Charguerauld, Charvet, Galléni, Kintz, Noiriel et Cie, Veeck frères, qui ont obtenu des diplômes de médaille de bronze, ainsi que MM. Buxon, Hémery, Laumel, Mlle Lorieux, MM. Printemps et White, auxquels le Jury a accordé des diplômes de mention honorable.

GRANDE-BRETAGNE

Bien que dans la classe XII la Section anglaise n'ait compté qu'un nombre très restreint d'exposants (dix figurent seulement au catalogue), nous avons cru, à raison des hautes récompenses que deux d'entre eux ont obtenues, devoir leur donner dans ce travail la place qu'ils méritent.

Et tout d'abord qu'il soit permis au Rapporteur de s'étonner du peu d'empressement qu'ont mis les fabriques anglaises à répondre à l'appel de la Commission belge. Pas un joaillier, pas un bijoutier n'est venu à Anvers.

Une maison d'orfèvrerie, **MM. Wilson et Gill**, et **MM. Johnson, Matthey et Cie**, les grands marchands de platine, représentaient seulement nos industries.

Le Jury a accordé à ces derniers un diplôme de grand-prix. Leur exposition affectait un caractère tout particulier. Le platine et tous les métaux rares du même groupe, palladium, iridium, etc., étaient présentés soit sous forme de lingots, de plaquettes et de fils, soit sous forme d'instruments manufacturés destinés à l'industrie. La maison Johnson, Matthey et Cie est la plus importante d'Europe dans ce genre de commerce. Pendant longtemps elle a conservé le monopole de la vente du platine, étant seule outillée pour l'affinage et la fonte de ce métal et de ses dérivés.

Aujourd'hui les maisons concurrentes opèrent ces mêmes traitements, et dans certaines maisons de joaillerie on est arrivé à fondre ce métal, dont l'emploi se généralise.

MM. Wilson et Gill avaient dans leurs vitrines toute espèce d'objets d'orfèvrerie d'argent et métal argenté : services à thé et à café, carafes à vin, cruches à bière, gobelets à liqueurs, garnitures de toilettes, le tout très soigné comme exécution, mais ne présentant aucun caractère de nouveauté. On retrouve ces mêmes fantaisies dans tous les magasins qui tiennent l'article anglais.

Le Jury leur a décerné un diplôme de médaille d'or.

M. Rowe a reçu un diplôme de mention honorable pour ses travaux de dorure et argenture, c'est un encouragement donné à un ouvrier consciencieux.

ITALIE

La Section italienne présentait une grande variété
de produits. A côté des mosaïques et des fantaisies en
corail et en lave que nous retrouvons dans toutes les
expositions et qui constituent de véritables spécialités,
nous avons eu à examiner quelques vitrines de bijouterie. La plus importante était celle de M. Melillo Gra-
cinto de Naples. Elle comprenait quelques pièces de
joaillerie bien exécutées et toute une série de bijoux,
reproduction des antiques, traités avec une grande vérité. Des colliers, des broches et des bracelets en filigrane d'or genre Campana nous ont charmés par leur
belle facture. M. MELILLO excelle dans ce genre et mérite la grande réputation dont il jouit à juste titre. A
toutes les Expositions il a remporté les plus hautes
récompenses. Il avait même pensé cette fois pouvoir se
mettre hors concours. Comme il ne faisait pas partie du
Jury, la Commission supérieure n'a pu admettre sa
prétention. Le Jury de la classe XII lui a décerné un
diplôme de grand-prix.

M. Accarisi e Nipoté, de Florence, nous ont soumis
de jolies pièces de bijouterie, bracelets, colliers, et en

outre quelques objets d'orfèvrerie d'un bon style : un diplôme d'honneur est venu récompenser leurs efforts.

La même récompense a été attribuée à **M. Pierret Luigi**, de Rome, pour sa joaillerie artistique et sa reproduction fidèle de bijoux romains, étrusques et byzantins. Tous ces genres sont bien exécutés. Nous regrettons toutefois de constater qu'en réalité tous ces objets ne présentent aucun caractère de nouveauté. M. Pierret avait obtenu à l'Exposition de Paris en 1878 une médaille d'or.

M. Piscioné (Michele), de Naples, avait une collection remarquable de coraux. Quelques parures montées avec brillants et perles fines nous ont particulièrement plu. Le dessin en est gracieux, et on comprend très bien que les étrangers qui passent à Naples remportent en souvenir quelques-uns de ces échantillons. De jolies fantaisies en écaille complétaient la vitrine. M. Piscioné a obtenu de nombreuses récompenses aux expositions antérieures ; il remporte cette fois un diplôme d'honneur.

M. Calvi (Constantino), de Rome, est un ciseleur de talent. Ses travaux en argent et en fer ciselé repoussé ont été justement appréciés. A côté de compositions originales, M. Calvi nous a soumis des reproductions des meilleurs artistes italiens du moyen âge. Le Jury lui a décerné un diplôme de médaille d'or bien mérité.

La même récompense a été accordée à **M. Fasoli**, de Rome, pour sa bijouterie en or, reproduction de l'ancien ; à **M. Negri (Ottavio)** et Cie, pour leur orfèvrerie romaine et leur bijouterie en or et en mosaïque ;

à **M. Ugolini (Giovanni)**, de Florence, pour sa belle exposition de mosaïques. Quelques-uns de ses meubles étaient vraiment remarquables;

M. Bettini (Mario), de Florence, avait dans sa vitrine tout une collection de bijoux en argent taille diamant, d'un prix relativement très bas, ainsi que des mosaïques montées en broches, bracelets et colliers.

Un diplôme de médaille d'argent lui a été décerné ainsi qu'à **M. Montini (Antonio)**, de Naples qui avait une grande collection de bijoux en corail, en lave, coquille et mosaïques;

à **MM. Petralli et C**^{ie}, pour leurs mosaïques, à **M. Piscioné Nicolo**, pour sa belle collection de coraux montés et non montés;

à **MM. Ricardi et Toledo (Matteo)**, de Rome, pour leur bijouterie en mosaïque et en camées.

Des diplômes de médaille de bronze ont été accordés à MM. Caro, de Naples, Veneziani et Copini, de Florence, Witte, de Palerme.

Enfin des diplômes de mention honorable ont été remis à MM. Bazzanti (Pietro), Errico-Vincenzo Lapini, Montani et Rosati.

ALLEMAGNE

L'Allemagne était représentée dans la classe XII par 40 exposants, dont la plupart étaient répartis en deux groupes : la Collectivité de Pforzheim et la Collectivité Dœbbel. La Collectivité de Pforzheim comprenait à elle seule 28 exposants; la majeure partie, fabricants de chaînes ou de bagues en or à tous titres et en or sur argent. Nous avions espéré rencontrer quelques-uns des grand fabricants de joaillerie et de bijouterie fantaisie. Il eût été intéressant d'étudier la production de ces industriels, car nous savons que surtout à Pforzheim certaines maisons ont pris, dans ces dernières années, un développement considérable, mais notre espoir a été déçu.

Le Jury, après avoir examiné attentivement les vitrines de cette Section, a accordé des diplômes de médaille d'or à **M. Augensteim**, pour sa belle bijouterie. Ses colliers et ses bracelets en or nous ont paru bien exécutés, quoique les modèles ne présentent, à vrai dire, aucun caractère de nouveauté ;

à **M. Bauer Christoph**, pour ses bracelets, ses broches et ses médaillons bien traités et d'un prix très avantageux ;

à **MM. Burkhardt et Cⁱᵉ**, pour la variété de leurs modèles de bijouterie, colliers, châtelaines, chaînes et bracelets serpents. MM. Burkhardt et Cⁱᵉ occupent à Pforzheim plus de 80 ouvriers et ouvrières, et ont été les premiers à introduire, en Allemagne, la fabrication des chaînes faites à la machine.

Ils ont un grand commerce d'exportation et leur production annuelle dépasse 500 000 marks;

à **M. Kuppenheim**, pour ses fantaisies en porte-mines, plumes, canifs et couteaux, coupe-cigares et porte-cigarettes. Le système de ses porte-crayons nous a paru très bien fonctionner; toutes ces pièces sont bien polies et flattent l'œil. Cette maison a un nombreux personnel, plus de 100 ouvriers et ouvrières travaillent dans ses ateliers. Son chiffre d'affaires dépasse 900 000 marks;

à **MM. Kuttroff frères**, qui exposaient toute une série de colliers, bagues, chaînes, bracelets en or sur argent à des prix très modérés;

à **M. Rosenau** (Simon), pour ses reproductions d'anciennes pièces d'argenterie.

Nous avons remarqué spécialement un grand vase en argent ciselé à personnages genre Watteau, un plat représentant le mariage de Louis XIV, ainsi qu'un grand bateau dont les mâts, les voiles et les cordages étaient en argent. Une quantité de petites fantaisies, articles spécialement fabriqués pour les villes d'eaux, complétaient la vitrine de M. Rosenau;

à **MM. Stokert et Kern,** pour leur choix de bijouterie en or sur argent et sur cuivre. Cette maison, qui exposait pour la première fois, nous a soumis dans son genre des pièces bien fabriquées et à un prix accessible.

Elle occupe dans son usine, à Pforzheim, près de 450 ouvriers.

Des diplômes de médailles d'argent ont été accordés à **M. Bauer Elias,** pour sa collection de bagues et d'épingles en or à tous titres;

à **MM. Beckh et Furba,** pour leurs chaînes en or sur argent;

à **M. Birgel,** de Cologne, pour ses travaux en repoussé et notamment pour son calice en argent doré avec patine;

à **MM. Fiessler Louis et Cie,** de Pforzheim, pour la variété de leurs modèles de chaînes, bracelets et châtelaines en or et à tous titres;

à **M. Heymann,** de Dantzig, pour sa belle collection d'objets en ambre jaune et articles de fumeurs;

à **MM. Kolmar et Jourdan,** de Pforzheim, pour leurs chaînes en imitation, bien variées comme modèles et très bien exécutées;

à **MM. Lewin frères,** de Brunswick, pour leur collection de chaînes de montre;

à **M. Odenwald**, de Pforzheim, pour ses nombreuses fantaisies en bijouterie d'argent sertie de turquoises, améthystes, rubis, etc.;

à **MM. Schanz et Katz**, de Pforzheim, qui nous ont soumis toute une série d'articles courants en broches, bracelets, boutons d'oreilles et épingles cravate en or;

à **M. Sturn Hermann**, pour ses chaînes et châtelaines en tous genres en or sur argent;

à **MM. Winter et C**ⁱᵉ, de Pforzheim, pour leurs fantaisies en bijouterie d'or à tous les titres.

Des diplômes de médaille de bronze ont été décernés à MM. AELBRECHT ET KEPPLER, ALBRECHT JOH, AUWAERTER ET HEPKE, AYASSE, BLUMBERG, GROETZINGER, SIEGELE ET BENNERT, MARTIN LANGE, DOLL, FILLMANN AUGUSTE, FODT, FUCHS ET HEINZE, LANDENBERGER, E. NACHFOLGER, REINHOLDT, ZIÉGLER ALBERT.

Enfin MM. GROSSMAN, LUDWIG, LEYSER III, SCHULER ET KUN, VOIGDT, WENZEL et ZAUSMER, ont obtenu des diplômes de mention honorable.

AUTRICHE

Dix-sept exposants composaient la Section autrichienne de la classe XII, la plupart producteurs de ces fantaisies en grenats de Bohême et de bijouterie imitation. Nous ne retrouvons dans cette Section ni joailliers ni orfèvres : nous le regrettons vivement, car nous savons tous qu'à Vienne notamment il existe des maisons très importantes, jouissant d'une grande vogue, et dont il aurait été intéressant d'apprécier les œuvres.

La plus haute récompense accordée par le Jury a été un diplôme de médaille d'or : c'est **M. Pramer** (Joseph), de Vienne, qui en a été jugé digne. Nous avons remarqué dans sa vitrine une série d'objets en émail sur or et argent, de ce genre tout spécial et bien connu que nous avons déjà vu dans toutes les Expositions. Le Jury a voulu encourager ce fabricant. Ses sujets sont bien traités et sont empreints d'une certaine originalité.

Des diplômes de médailles d'argent ont été obtenus par :

M. Chruma (Jozef), de Prague, pour sa collection de bijoux sertis de grenats taillés, dits grenats de Bohême : son grand cadre présentait une certaine difficulté de fabrication que M. Chruma a su vaincre ; nous avons rarement vu de pièces aussi importantes dans ce genre ;

M. Grünwald, de Vienne, pour ses objets d'art en émail, qui trouvent à l'étranger de nombreux amateurs ;

M. Langer (Rodolf), pour sa bijouterie en grenat de Bohême et ses fantaisies en moldavite, sorte de pierre qui a la nuance de péridot foncé ;

M. Pollak, de Prague, pour ses fantaisies en grenat de Bohême et sa bijouterie en argent ;

M. Siebert (Victor), de Vienne, pour ses articles de bijouterie en argent et imitation ;

M. Wawersich, pour sa bijouterie sertie de grenats de Bohême.

Un diplôme de médaille de bronze a été accordé à **M. Schwarz**, de Vienne, pour sa bijouterie en argent ornée de pierres fines.

Enfin des diplômes de mentions honorables ont été décernés à MM. HUBNER REINHOLD, TURIET et BURDACH.

RUSSIE

Huit fabricants russes ont pris part à l'Exposition d'Anvers : ce sont pour la plupart des orfèvres qui emploient principalement l'émail et le filigrane comme moyen de décoration.

Le Jury a accordé un diplôme d'honneur à **M. Klingert**, de Moscou. Sa vitrine contenait toute une série d'objets usuels d'orfèvrerie émaillée : vases, timbales, cuillers, etc. Ses émaux translucides sont bien réussis. Il dirige une usine très importante, où il occupe plus de cent ouvriers. Ses articles sont répandus dans le monde entier. Nous ne souhaiterions qu'une seule chose : c'est de voir ce fabricant faire du nouveau ; son genre est aujourd'hui tellement connu qu'il perd de son charme.

M. Marchak (Joseph), de Kiew, a obtenu un diplôme de médaille d'or, pour ses objets d'orfèvrerie. Le Jury a voulu tenir compte du fini de sa fabrication, mais qu'il y a peu d'originalité dans les formes et la décoration !

M. Khodjayan, de Saint-Pétersbourg, a reçu un diplôme de médaille d'argent pour ses bijoux en argent niellé, genre caucasien, agrémenté de turquoises.

M. Dalmann, de Saint-Pétersbourg, a obtenu un diplôme de médaille de bronze, pour sa collection d'orfèvrerie et de bijouterie émaillée genre caucasien et agrémenté de filigrane. La fabrication est bonne et a une certaine vogue, puisque M. Dalmann occupe dans ses ateliers soixante-quinze ouvriers.

M. Kourtchiantz, a obtenu un diplôme de mention honorable pour ses objets en argent émaillé.

ESPAGNE

M. Eguiazu (Léon), de Saint-Sébastien, est le seul exposant que nous ayons visité dans la Section espagnole. Ses bijoux et ses objets d'art en or ou argent et en acier damasquiné lui ont valu un diplôme d'honneur. Nous connaissons de longue date cette industrie du damasquiné, qui est pour ainsi dire exclusive à l'Espagne. Elle a été très admirée à Anvers. M. Eguiazu suit les anciennes traditions tout en les appropriant à de nouvelles formes. Les vases que nous avons admirés dans sa vitrine en sont la meilleure preuve.

PORTUGAL

Nous n'avons trouvé dans la Section portugaise que deux exposants ressortissant à la classe XII :

Mme Viuva Moreira y Filho et **M. José Rosas**, de Porto. Ces deux maisons rivales produisent spécialement l'argenterie, des fantaisies en filigrane et des bourses en argent. Comme fabrication, nous n'avons guère de critiques à formuler. Les dessins sont bien choisis.

Le Jury a cependant reconnu une certaine supériorité aux produits de Mme Viuva Moreira y Filho, et a accordé à cette maison un diplôme de médaille d'or.

M. José Rosas a obtenu un diplôme de médaille d'argent.

SUÈDE ET NORVÈGE

Deux importantes maisons : **David-Andersen**, de Christiania, et **Hammer**, de Bergen, représentaient l'industrie norvégienne. Nous connaissons, pour les avoir vus aux Expositions précédentes, le caractère distinct de leurs produits : ce sont généralement des objets en filigrane, tantôt ajourés, tantôt appliqués en relief sur des fonds émaillés, ou mats, ou polis. L'exécution en est très nette; on sent que les ouvriers employés à ce genre d'ouvrage ont une grande sûreté de main pour contourner et relier ensemble ces fils d'or ou d'argent qui sont si minces et si délicats. Les émaux sont également bien traités et se rapprochent beaucoup de ceux exécutés en Russie.

M. David-Andersen a fondé sa maison en 1876. Il occupe dans ses ateliers plus de cent ouvriers. Il a attiré notre attention sur une corne à boire du style norvégien antique, une paire de candélabres genre rococo et toute une série d'objets en émail transparent et opaque. Le Jury lui a accordé un diplôme d'honneur.

M. Hammer a reçu un diplôme de médaille d'or, justifié par la variété et le bien fini de ses bracelets, colliers et broches en filigrane d'or et d'argent sur fond émaillé et pour ses pièces d'orfèvrerie en vieil argent.

TURQUIE

Nous n'avons eu à visiter dans la Section turque que deux exposants : **MM. Kateb frères**, de Damas, et **Hatem**, de Constantinople, qui nous ont montré des colliers et autres fantaisies en filigrane d'argent d'un travail très ordinaire. Le Jury a accordé à MM. Kateb frères qui sont de vrais fabricants, un diplôme de médaille d'argent et à M. Hatem, un diplôme de mention honorable.

JAPON

La **Koshin Crystal Industry** nous a soumis quelques échantillons de travaux en cristal de roche, notamment des boules d'une certaine dimension. Le Jury a cru devoir accorder à cette Société un diplôme de médaille de bronze. C'est le seul exposant qui appartienne à la Classe XII. Nous avions pensé trouver dans cette Section des travaux d'orfèvrerie, voire même de bijouterie, les Japonais ayant une réputation de dessinateurs et de décorateurs de premier ordre. Cette fois encore nous nous étions trompés.

SECTION NÉERLANDAISE

Un seul exposant, **M. Maison** (Pierre) avait une grande vitrine contenant des broches, bracelets, colliers et tous ornements de modes en jais.

Comme exécution, ces différents objets nous ont donné satisfaction : aussi le Jury a décerné à M. Maison un diplôme de médaille d'argent.

BULGARIE

MM. **Kostov**, de Vidin, **Georgiev**, de Lompalanka, et **Yonko Tzonev**, de Gabrowo, sont les seuls exposants de la Bulgarie appartenant à la Classe XII. Leurs produits, absolument similaires, consistaient en travaux en filigrane d'argent. Nous sommes encore en présence d'une industrie absolument locale. Comme exécution, tous ces bijoux sont assez bien traités; comme nouveauté, rien de marquant. Le Jury a voulu néanmoins encourager les efforts de ces exposants en accordant à M. Kostov un diplôme de médaille d'argent; à MM. Georgiev et Yonko Tzonev, un diplôme de médaille de bronze.

PERSE

M. Silbenberg est le plus grand lapidaire de la
Perse; il avait dans sa vitrine une superbe collection
de turquoises, à côté d'objets d'art anciens d'une haute
valeur artistique.

Le Jury a accordé à cet exposant un diplôme de médaille d'or.

CONCLUSION

Nous avons passé en revue tous les exposants de la classe XII qui ont obtenu des récompenses et nous avons essayé de relater d'une façon sincère et impartiale les appréciations du Jury.

Nous espérons avoir réussi à signaler tout ce qui peut être profitable à nos industries. Il nous reste maintenant, pour compléter notre travail, à tirer des observations que nous avons faites les conclusions nécessaires.

Nous avons constaté, en ce qui concerne l'industrie diamantaire d'Anvers, qu'elle n'avait à l'Exposition aucune rivale, étant donnée l'abstention de la Hollande, qui seule pouvait affronter la lutte. Mais il serait injuste de ne pas reconnaître les progrès qui ont été réalisés dans cette industrie. Nous les avons déjà indiqués lorsque nous avons examiné les vitrines de la collectivité des diamantaires : nous croyons devoir les signaler de nouveau.

Aujourd'hui on taille le brillant avec une régularité et une pureté de lignes qui en font en quelque sorte une figure géométrique. Les fabricants d'Anvers sont passés maîtres en cet art. Aussi n'avons-nous pas été surpris d'apprendre qu'à la suite des nouveaux tarifs appliqués dans l'Amérique du Nord aux diamants taillés, deux grands négociants d'Anvers allaient émigrer à New-York pour y installer des tailleries.

Nous voyons partir avec regret ces bons ouvriers : ils feront certainement des élèves, et il arrivera pour l'industrie diamantaire d'Europe ce qui est advenu depuis quelques années à l'industrie de la bijouterie et de la joaillerie; à savoir que depuis l'application des tarifs du bill Mac-Kinley, tout commerce en ce genre a, pour ainsi dire, cessé avec les États-Unis, qui ont attiré dans leurs ateliers bon nombre de nos artistes.

Aujourd'hui il n'est plus de secret de fabrication auquel les Américains n'aient été initiés, et la conséquence de cet état de choses se déduit d'elle-même.

La bijouterie, la joaillerie et l'orfèvrerie étaient spécialement représentées à Anvers dans les sections belge, française, italienne et allemande.

Dans les autres sections, nous n'avons guère relevé que des articles d'un genre fort courant, de production et de consommation généralement locales.

Malgré les nombreuses abstentions que nous avons regrettées, nous devons signaler d'une façon toute particulière les efforts des joailliers d'Anvers. S'ils se rapprochent dans leurs productions de notre goût français, nous remarquons, d'autre part, qu'ils s'appliquent à exploiter un genre qui n'est pas dénué d'originalité.

Les Allemands, au contraire, ne nous apportent rien de nouveau; les Italiens nous représentent toujours leurs imitations du style Campana et leurs objets en corail et en mosaïque; les Russes, les Suédois et Nor-

végiens, les Bulgares, leurs articles d'argent émaillés
agrémentés de filigranes. Aussi, on sent que c'est
encore en France où l'on s'applique le plus à produire
de la nouveauté. Même dans les plus petits détails, le
fabricant recherche ce qu'il pourra améliorer.

L'orfèvre qui pendant quelque temps s'était inspiré
du style des XVIIᵉ et XVIIIᵉ siècles découvre maintenant
des formes et une ornementation nouvelles empruntées
à la fleur, à la plante et même au fruit.

Dans la joaillerie et la bijouterie, ce sont des modèles
originaux, qui, suivant la mode, changent chaque année.
Nous ne voudrions pas être taxé de chauvinisme, mais
il est difficile de tirer d'autres déductions de ce que nous
avons vu à Anvers.

Nos collègues étrangers du Jury ont été, d'ailleurs, les
premiers à reconnaître que c'était dans la Section française, où, du reste, il y avait le plus d'exposants, que
l'on trouvait le plus d'idées et d'adaptations nouvelles.
Notre industrie remporte donc encore une fois un succès incontestable.

Mais, il ne faut pas nous le dissimuler, nous devons
être toujours sur la brèche pour soutenir cette réputation de créateurs et de novateurs que nos pères nous
ont léguée; pensons qu'autour de nous gravitent nos
concurrents étrangers, jaloux de nos progrès et prêts à
en tirer profit.

Nous souhaiterions en tout cas de les voir plus nombreux aux prochaines assises internationales. Je sais
bien qu'on objecte non sans quelque raison que depuis
quelques années les Expositions se succèdent sans
interruption et qu'elles sont la source de dépenses que
bien des maisons ne veulent plus affronter, eu égard

aux résultats d'affaires pour ainsi dire insignifiants qu'elles ont procurés; mais, d'autre part, il ne faut pas oublier que ces Expositions ont un but plus élevé : c'est de stimuler les producteurs et de les forcer à être toujours à la recherche du mieux en toute espèce de chose. Espérons donc qu'en 1900 nous serons à même d'apprécier d'une façon plus complète les progrès de nos concurrents étrangers. Qu'ils viennent en grand nombre à Paris, où d'ores et déjà nous leur donnons rendez-vous ! Nous nous efforcerons à les recevoir avec la même affabilité et la même sympathie que nous avons rencontrées à Anvers de la part de nos confrères de Belgique.

Paris. — Typ. Chamerot et Renouard, 19, rue des Saints-Pères. — 42157